COLOR TEST PAGE

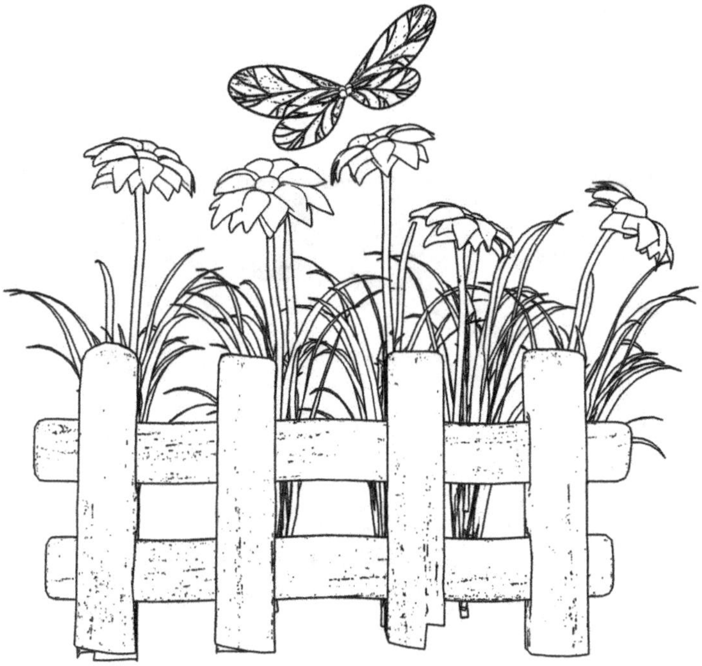

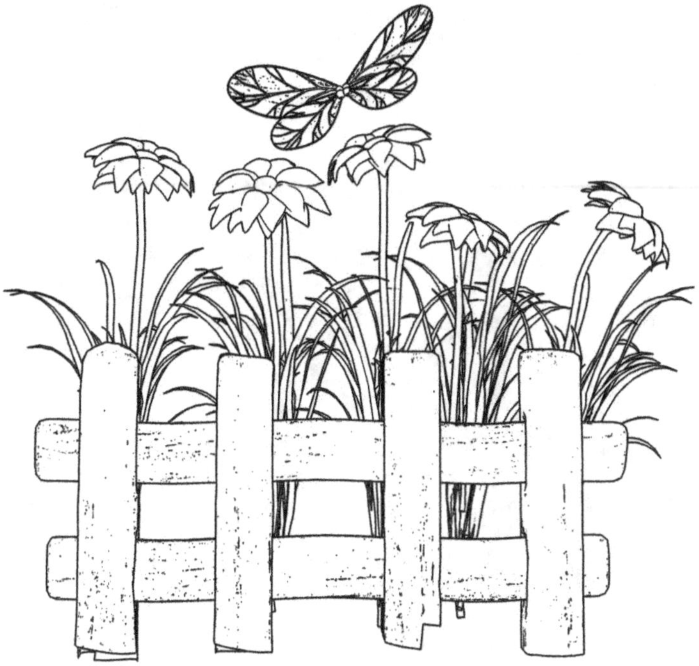

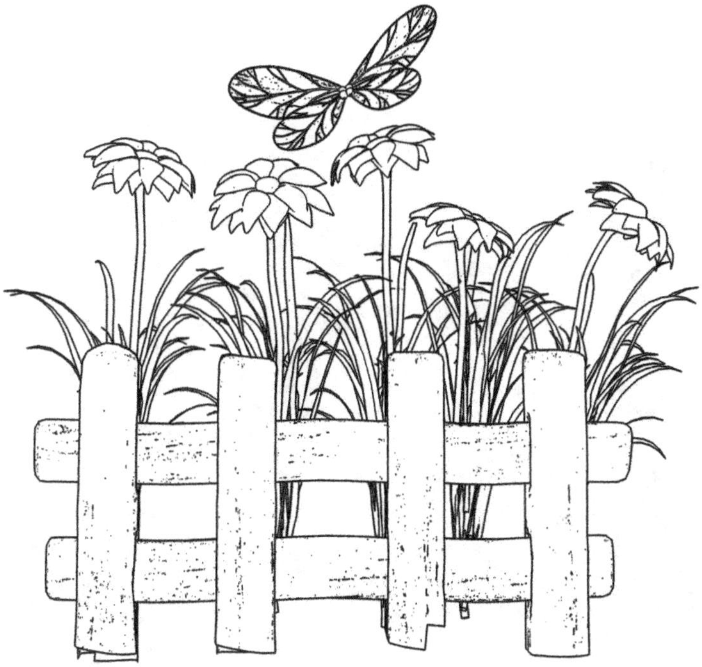

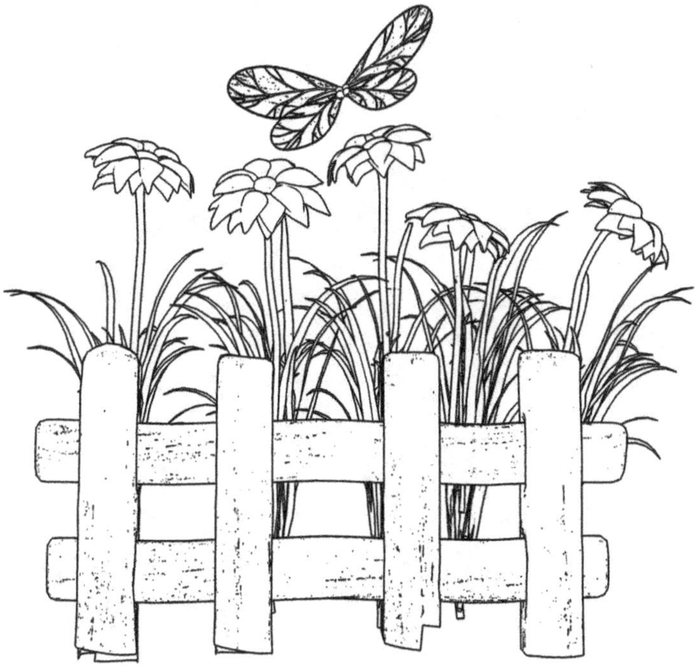

COLOR TEST PAGE

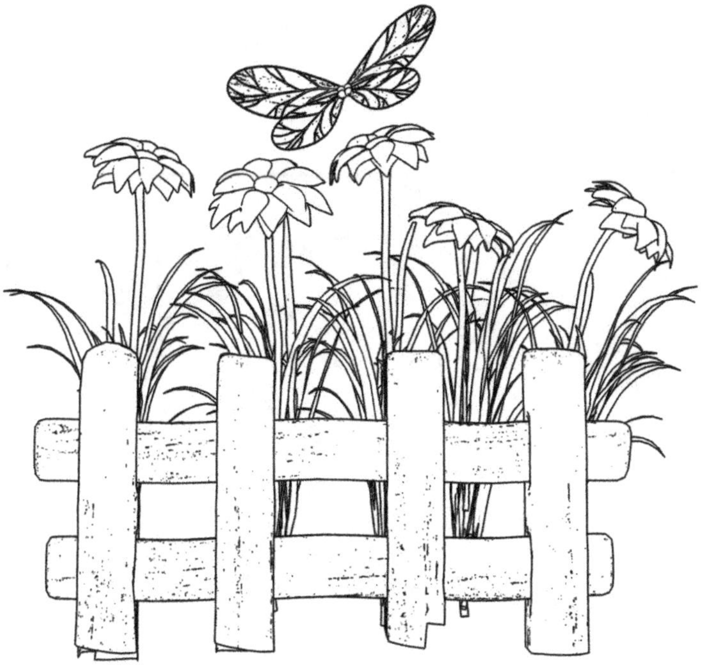
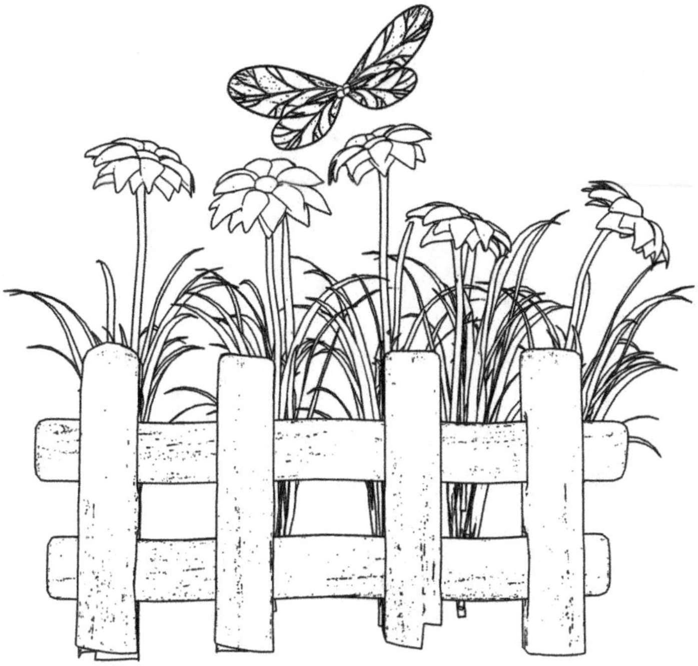
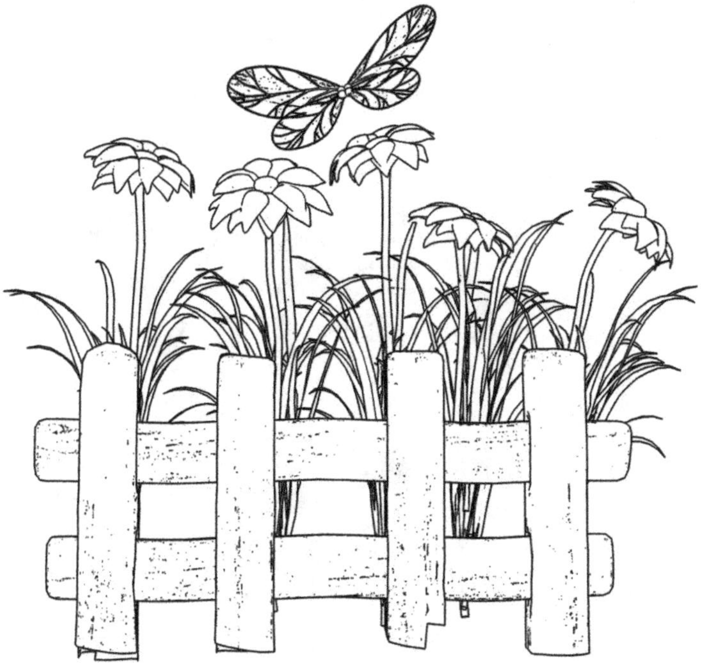
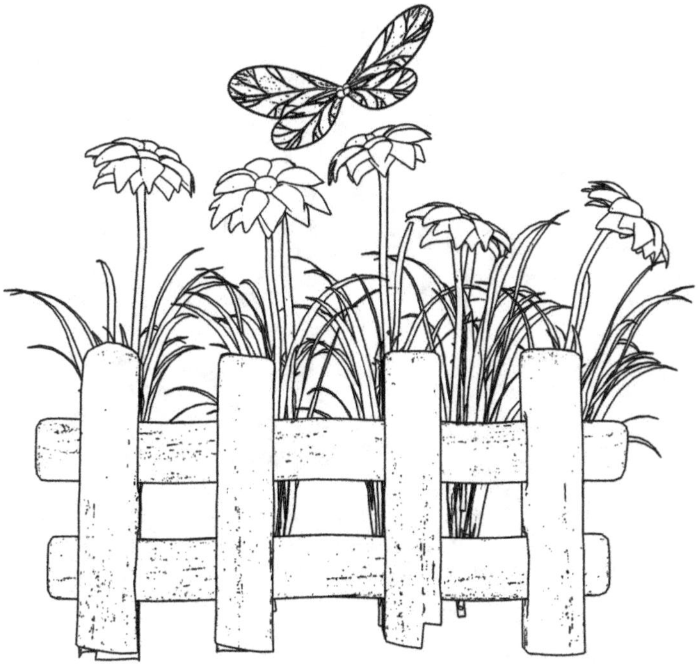

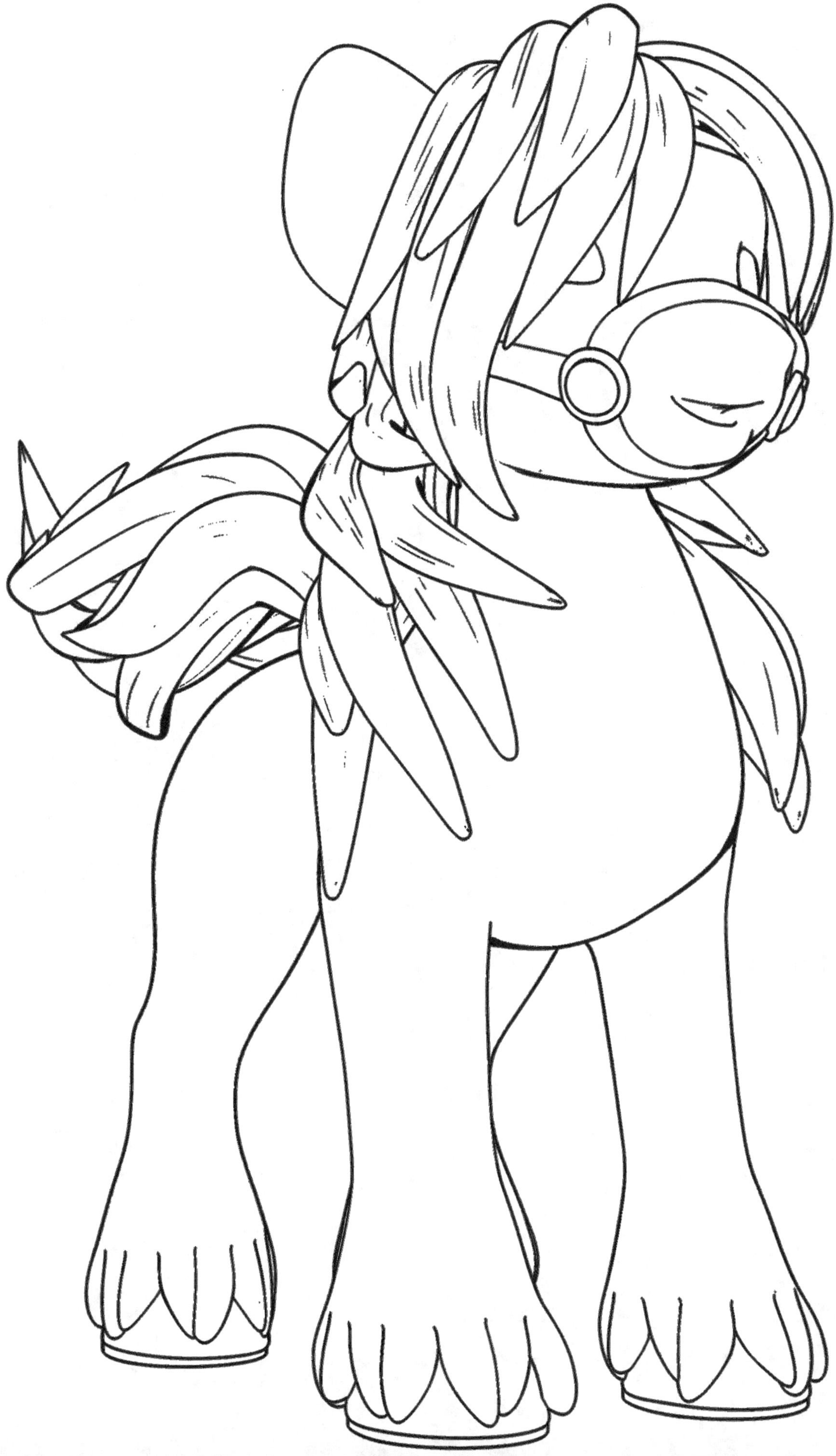

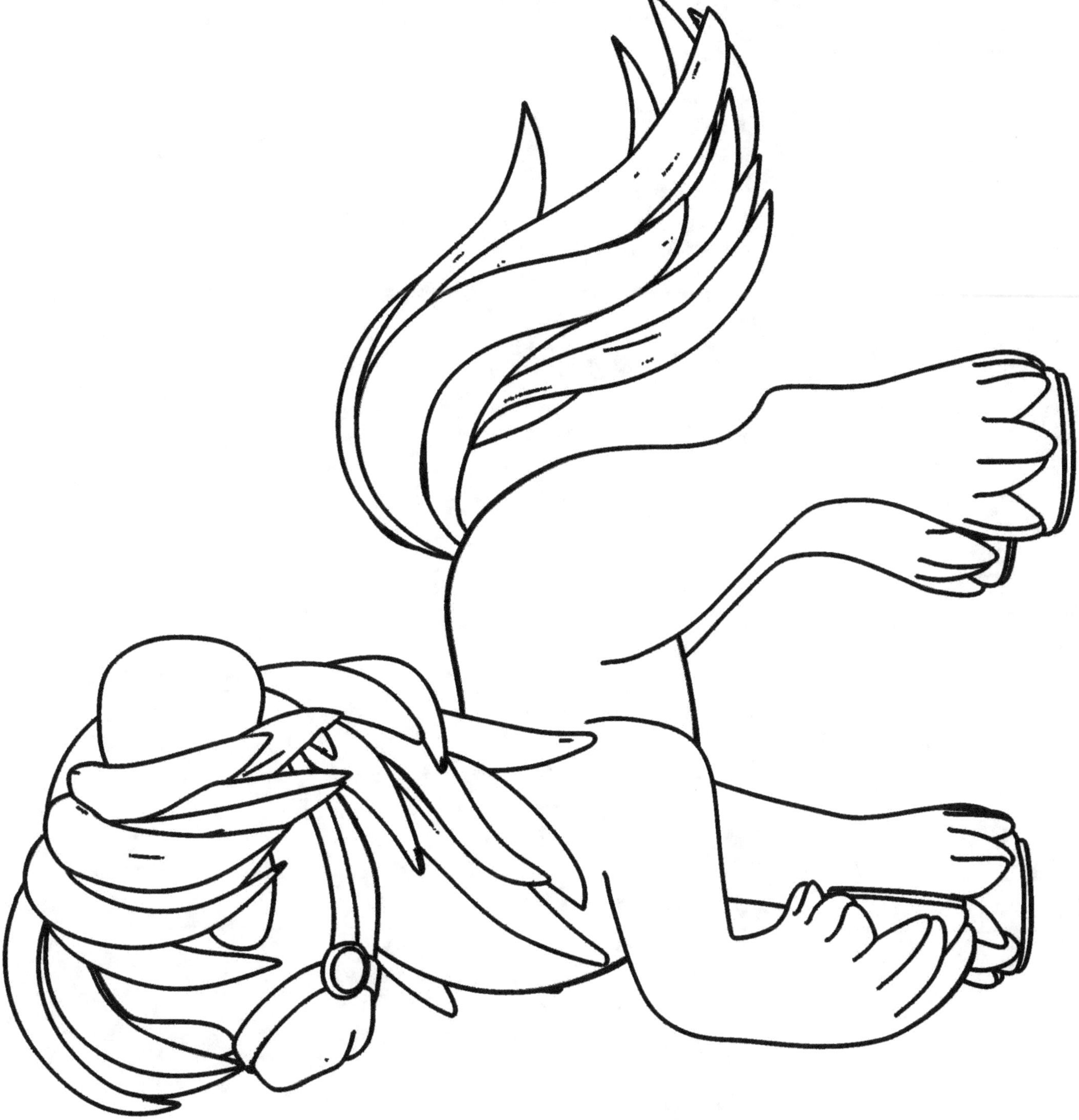

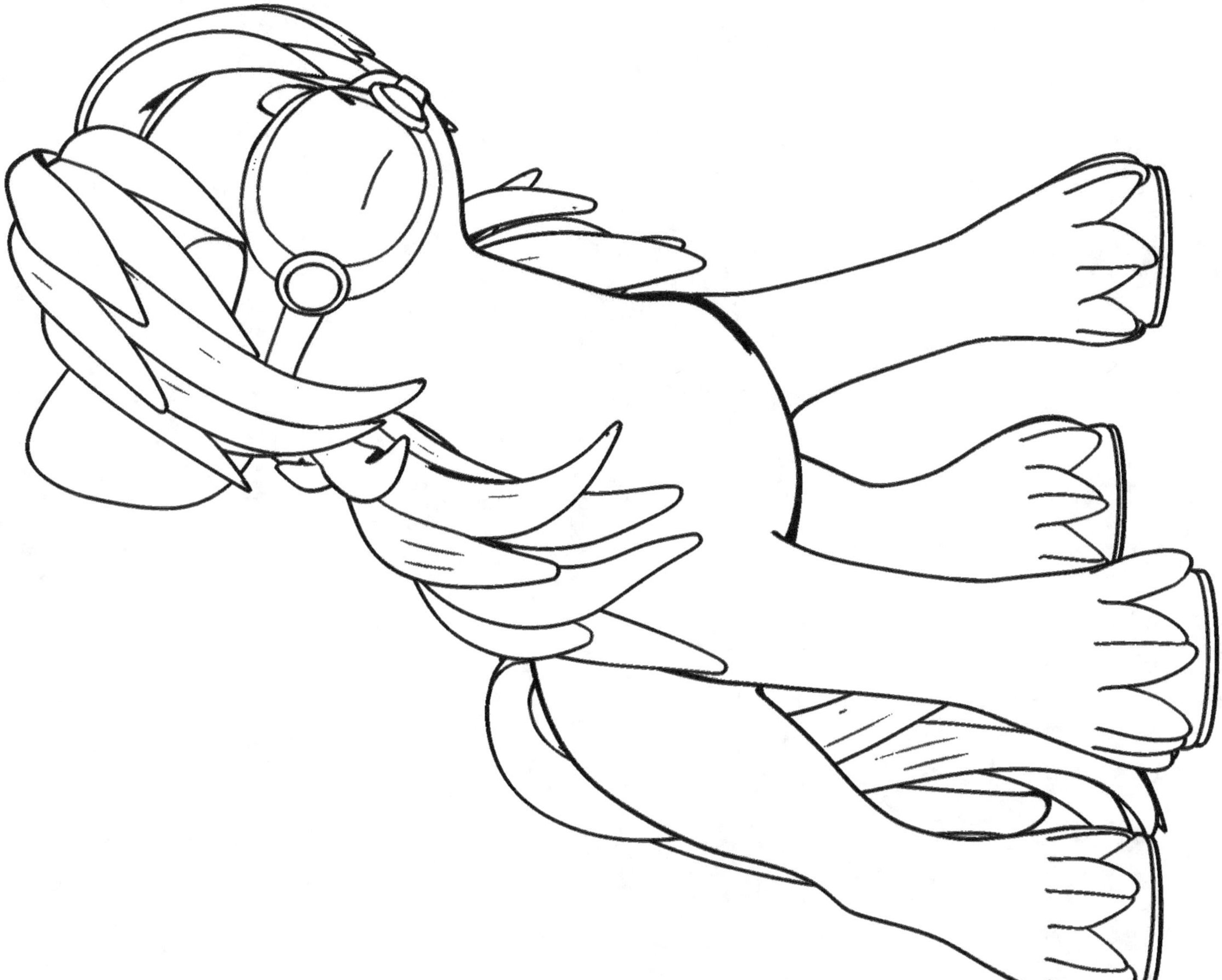

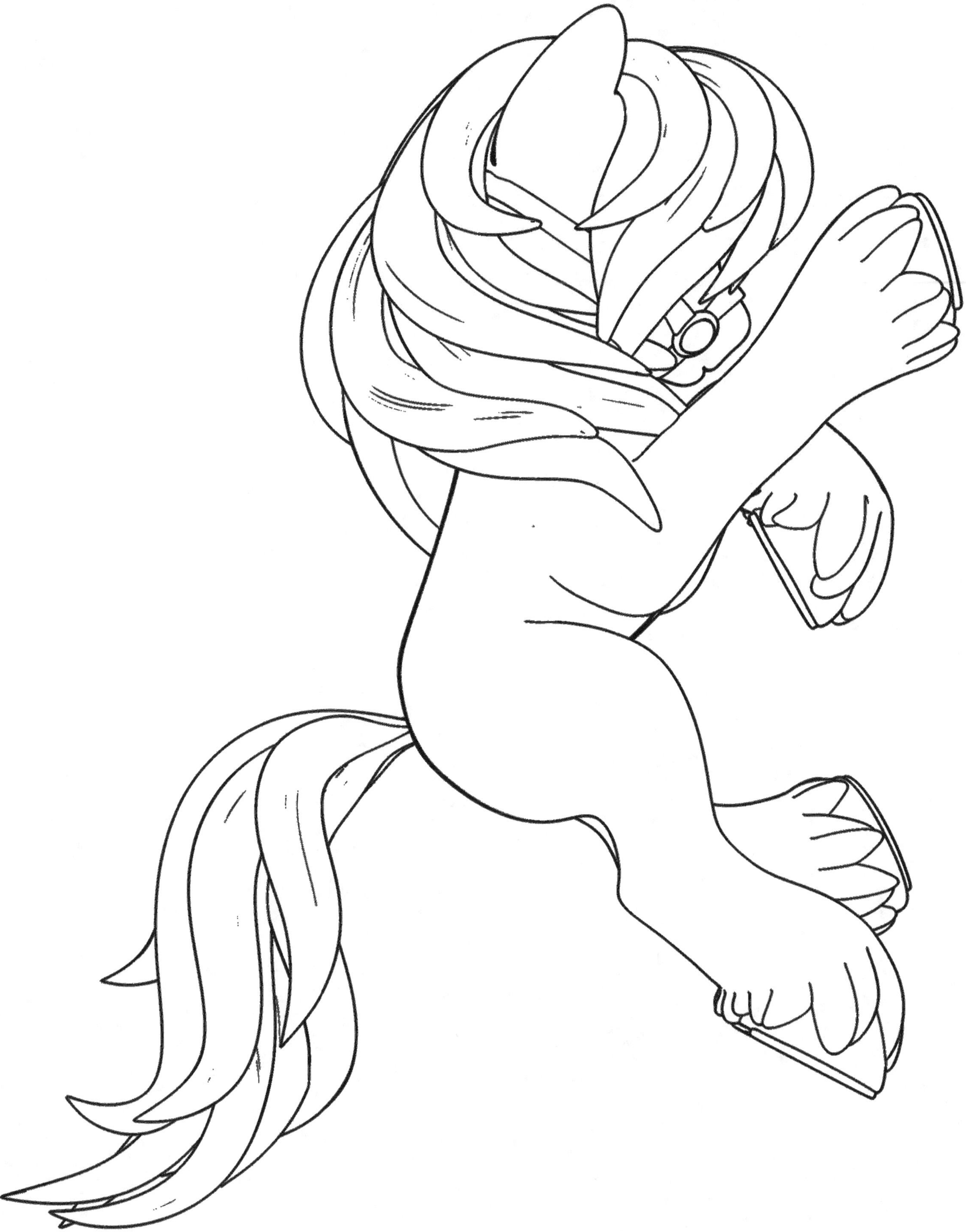

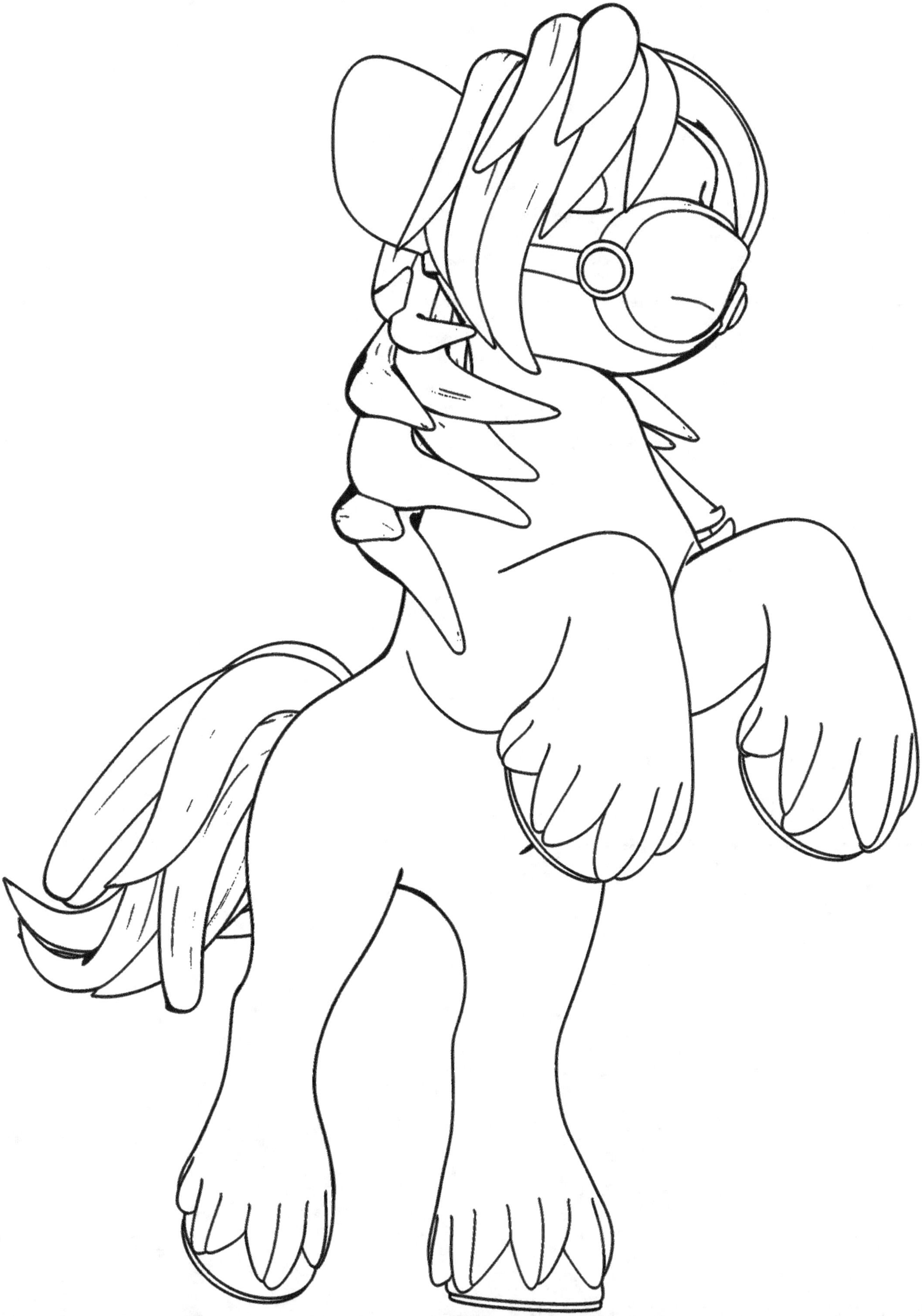

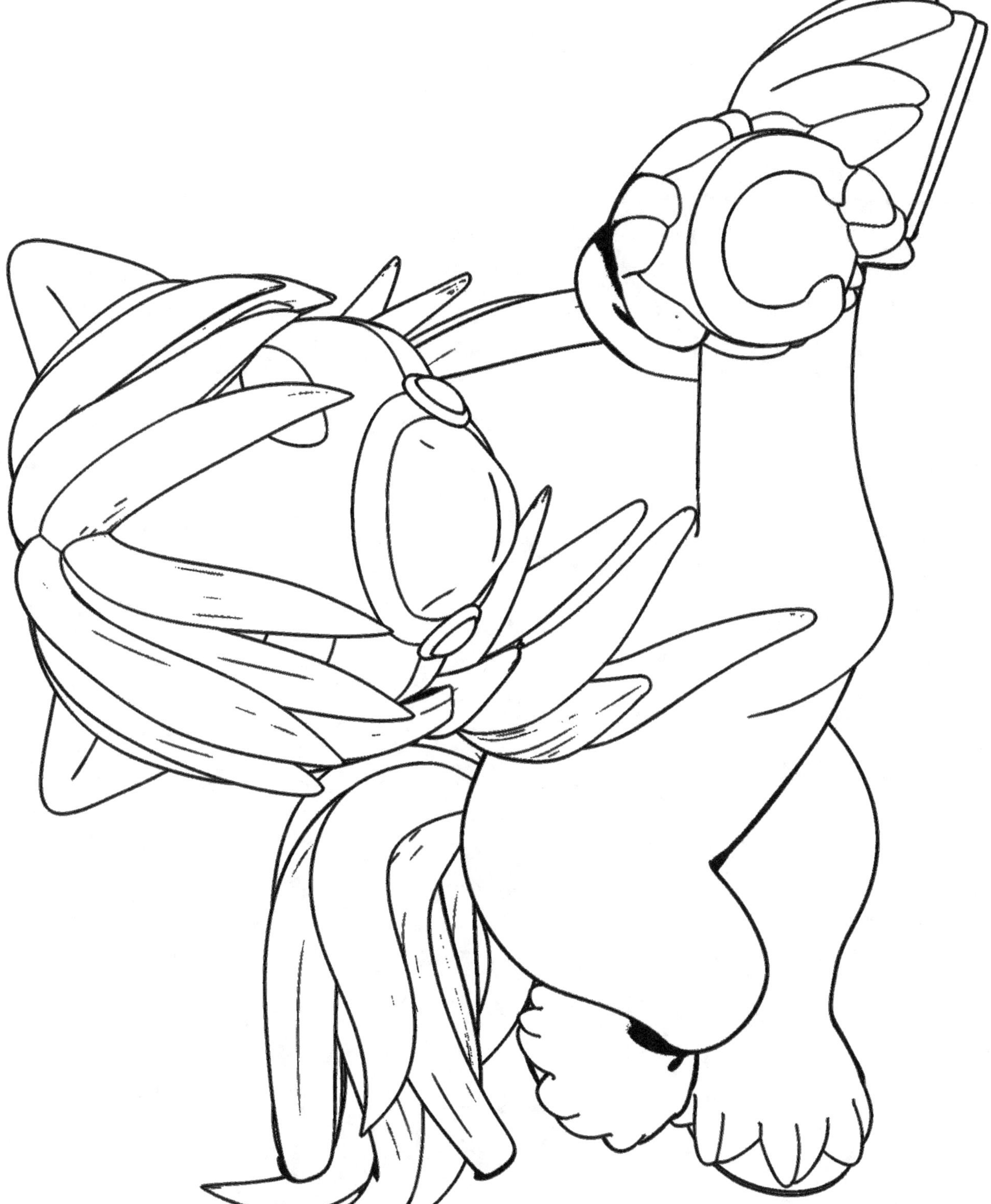

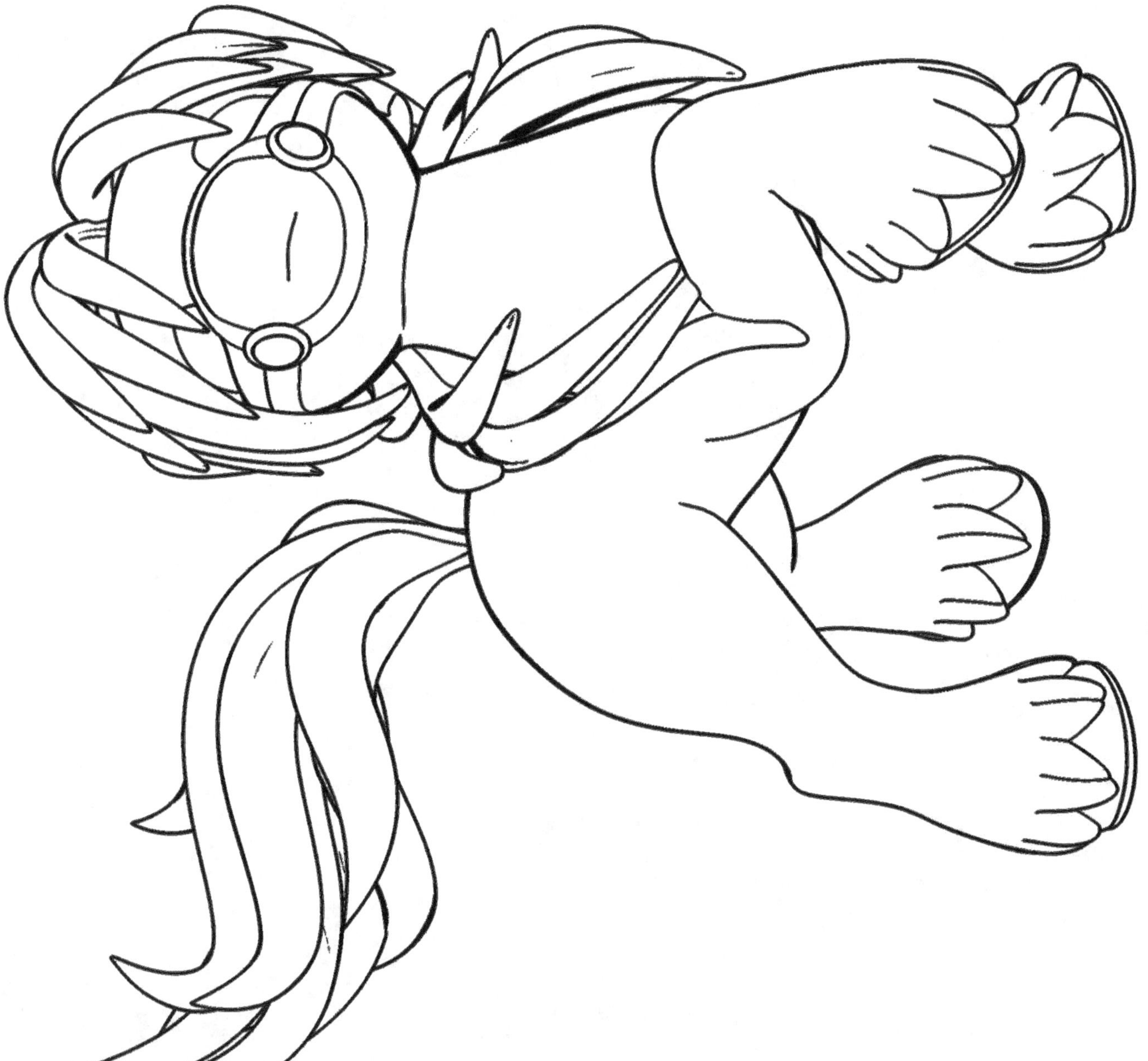

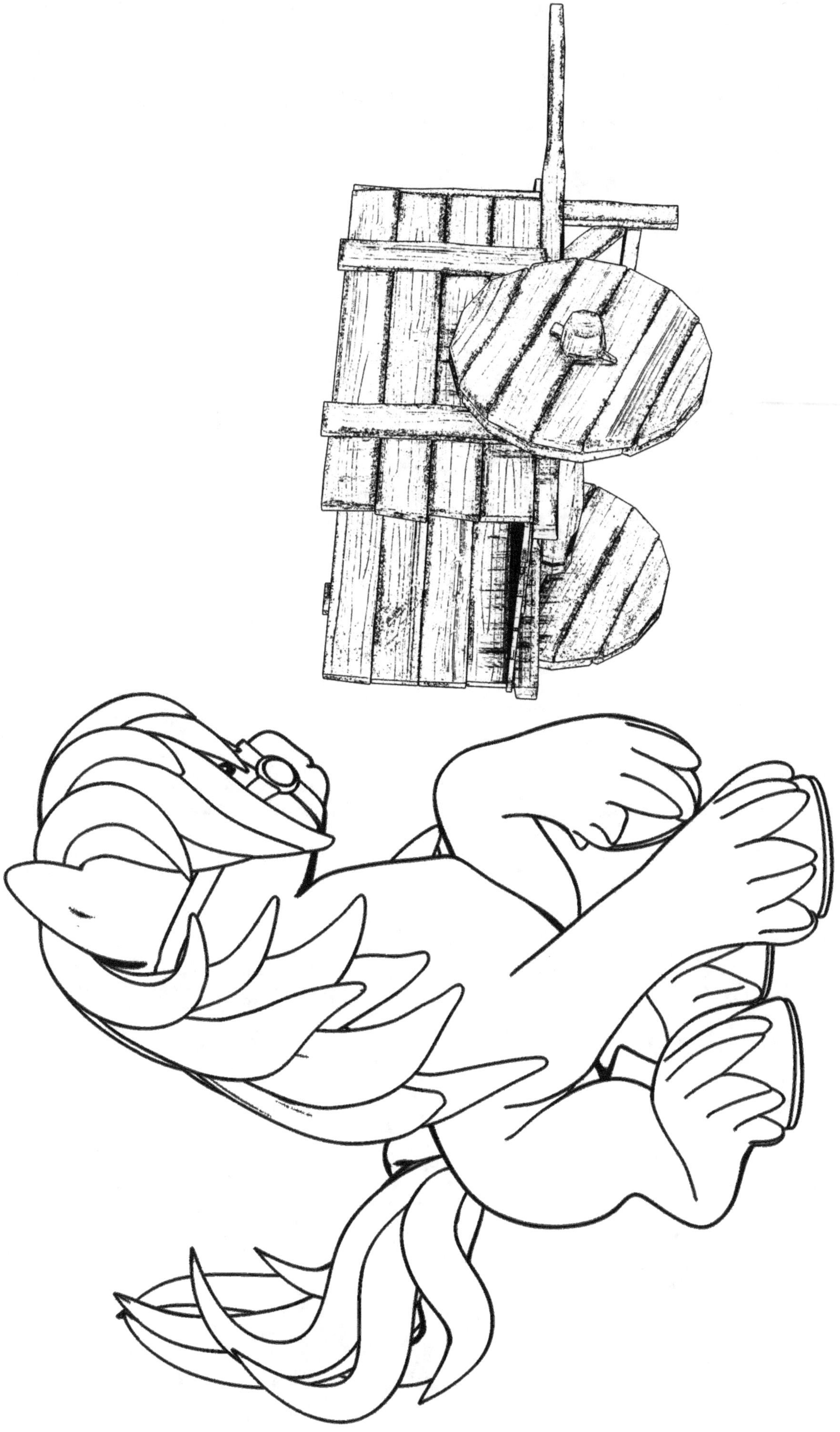

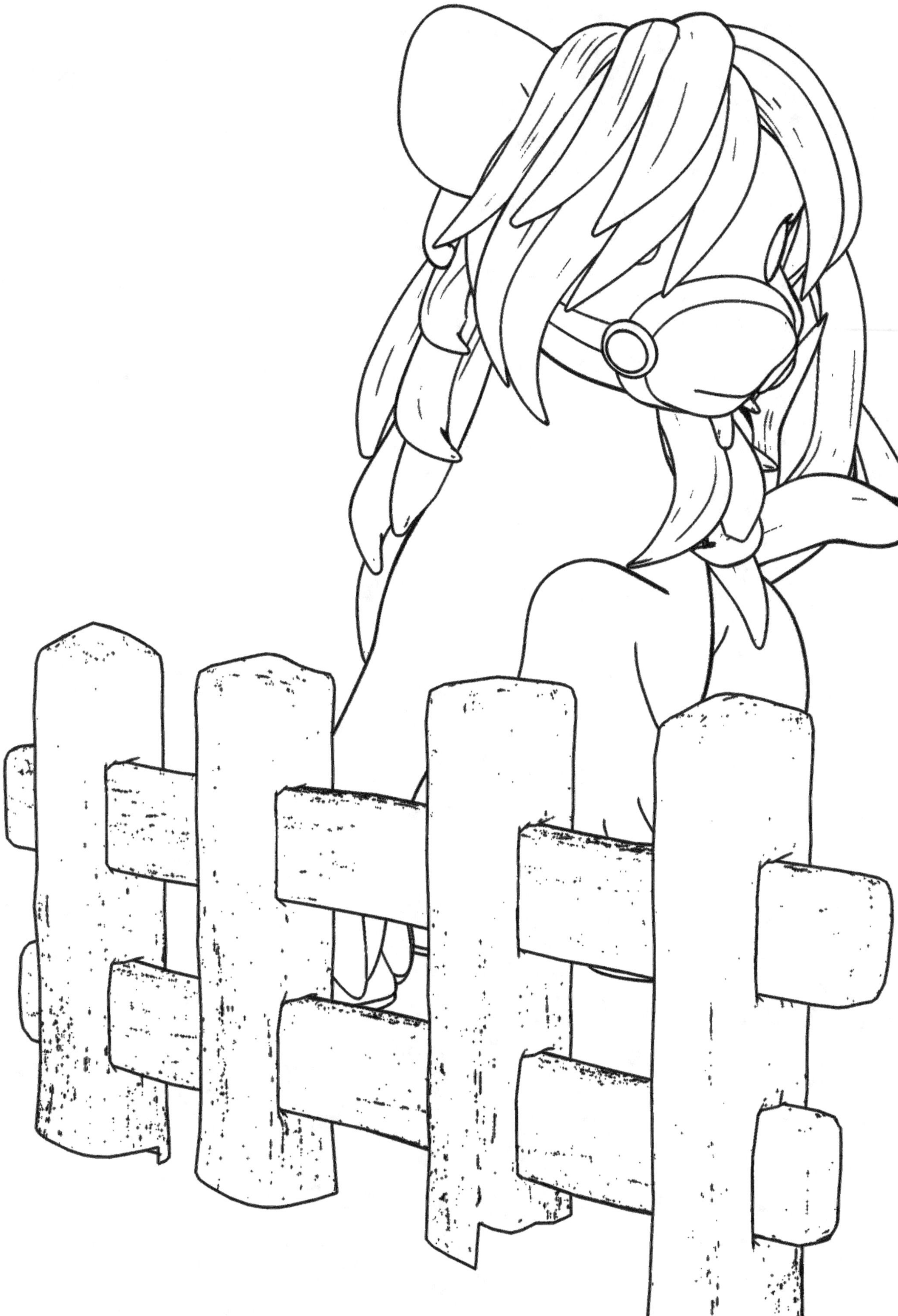

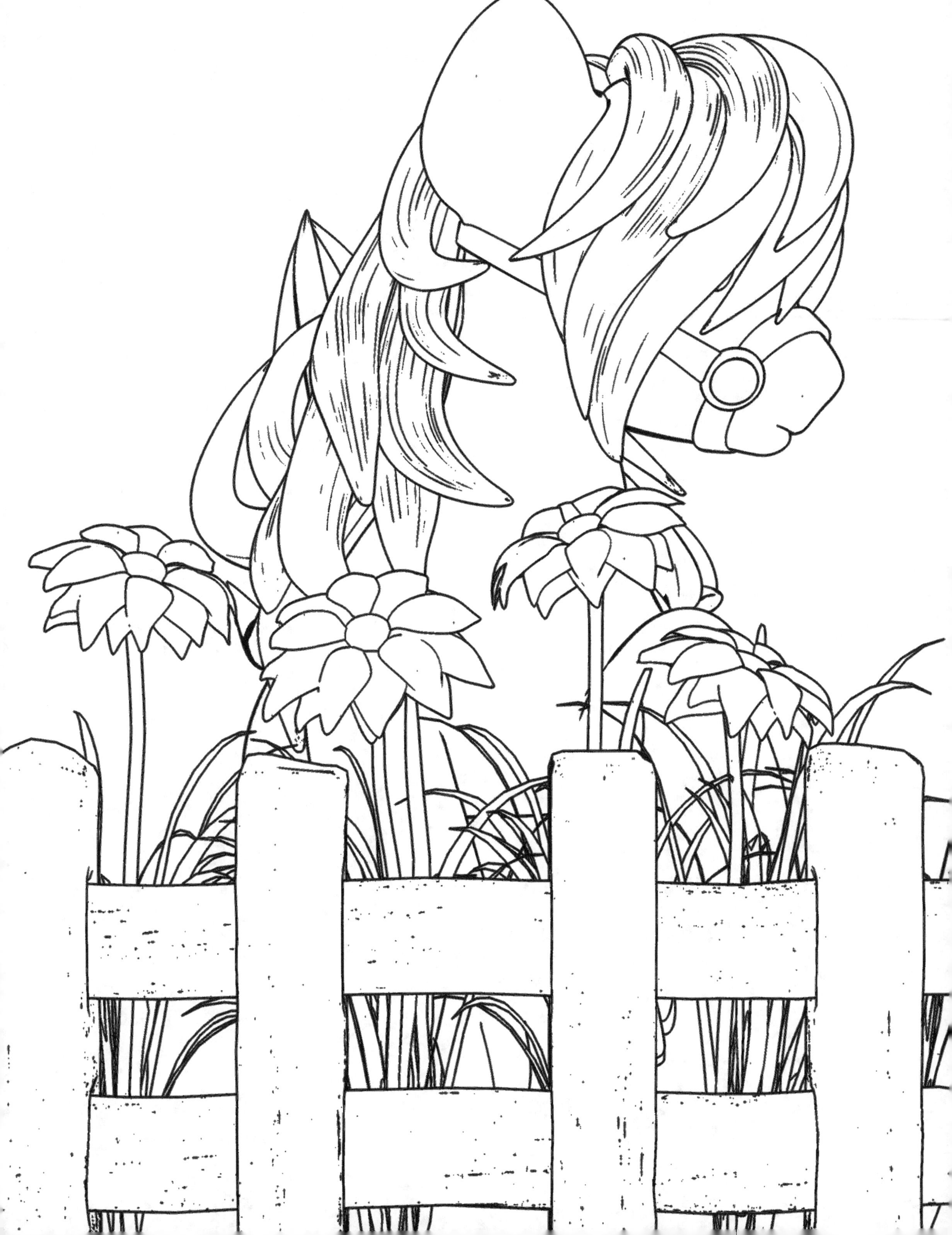

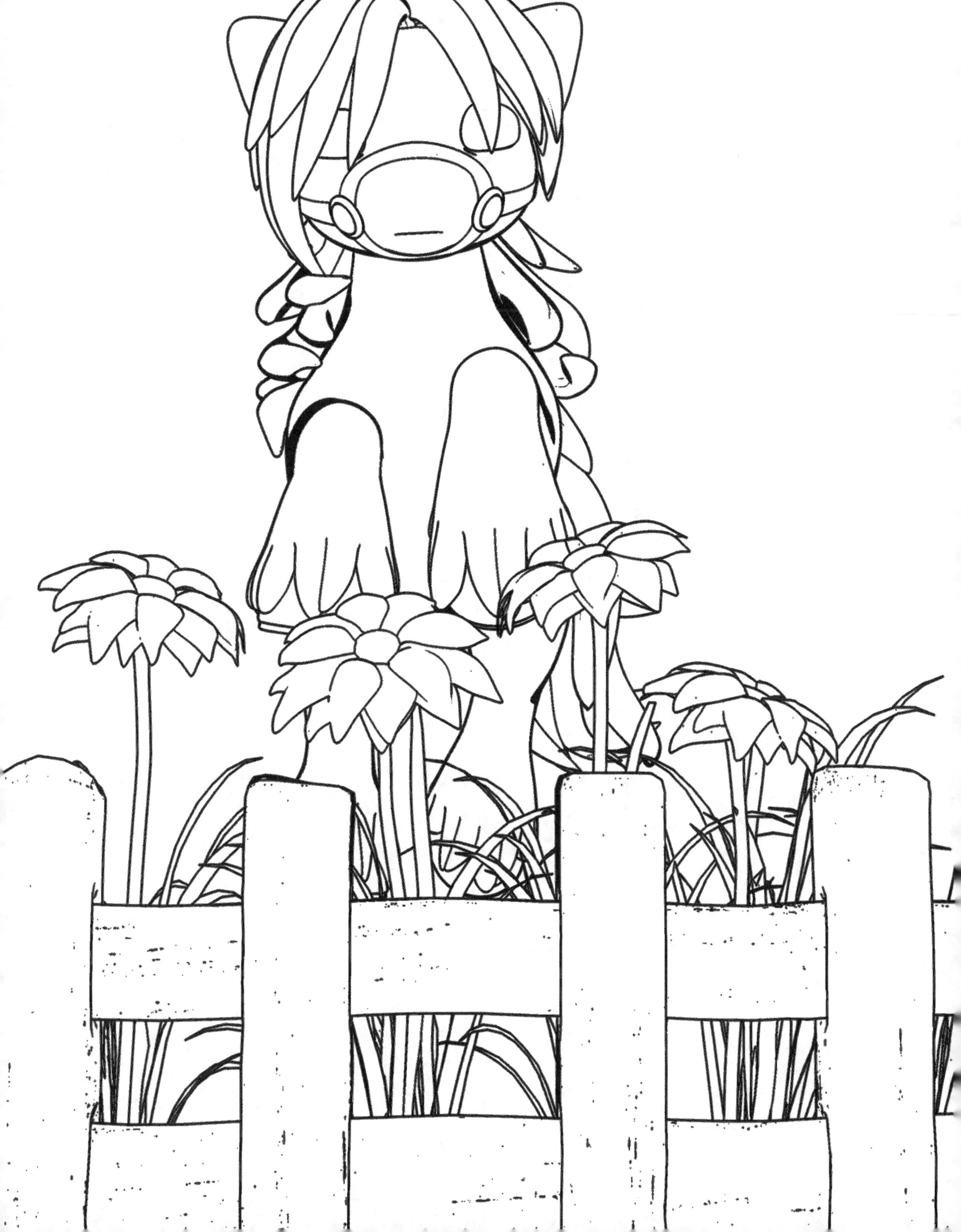

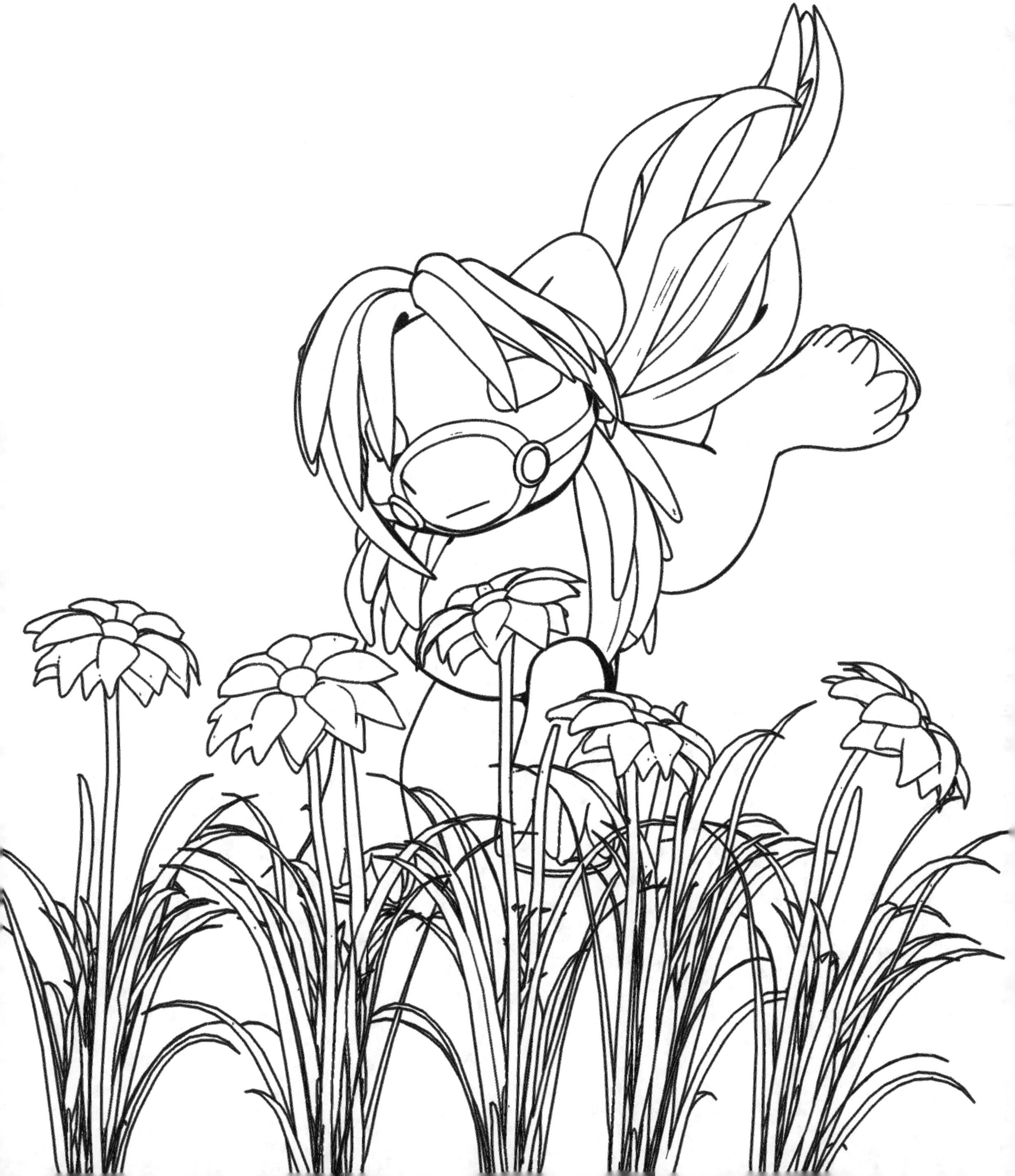

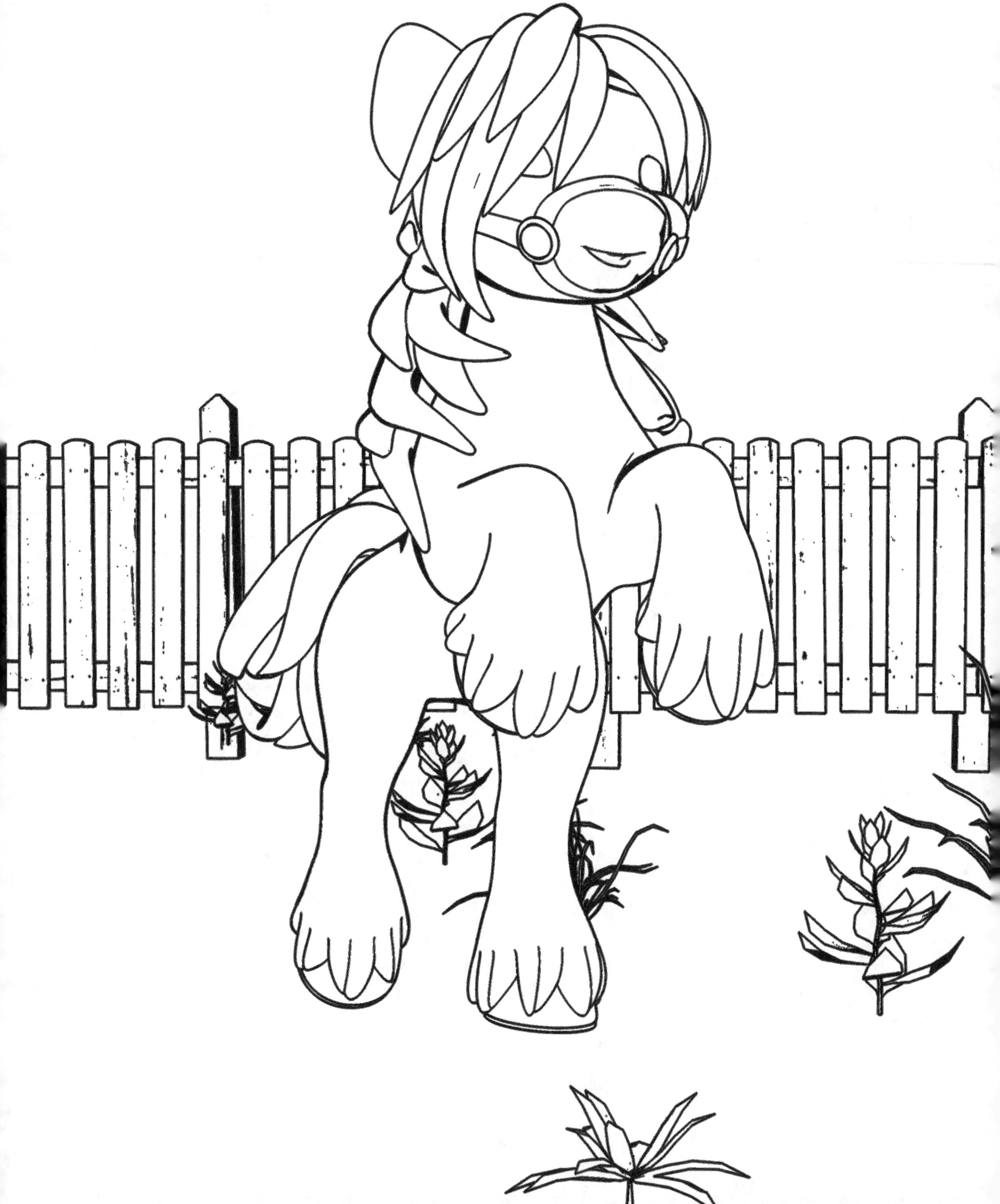

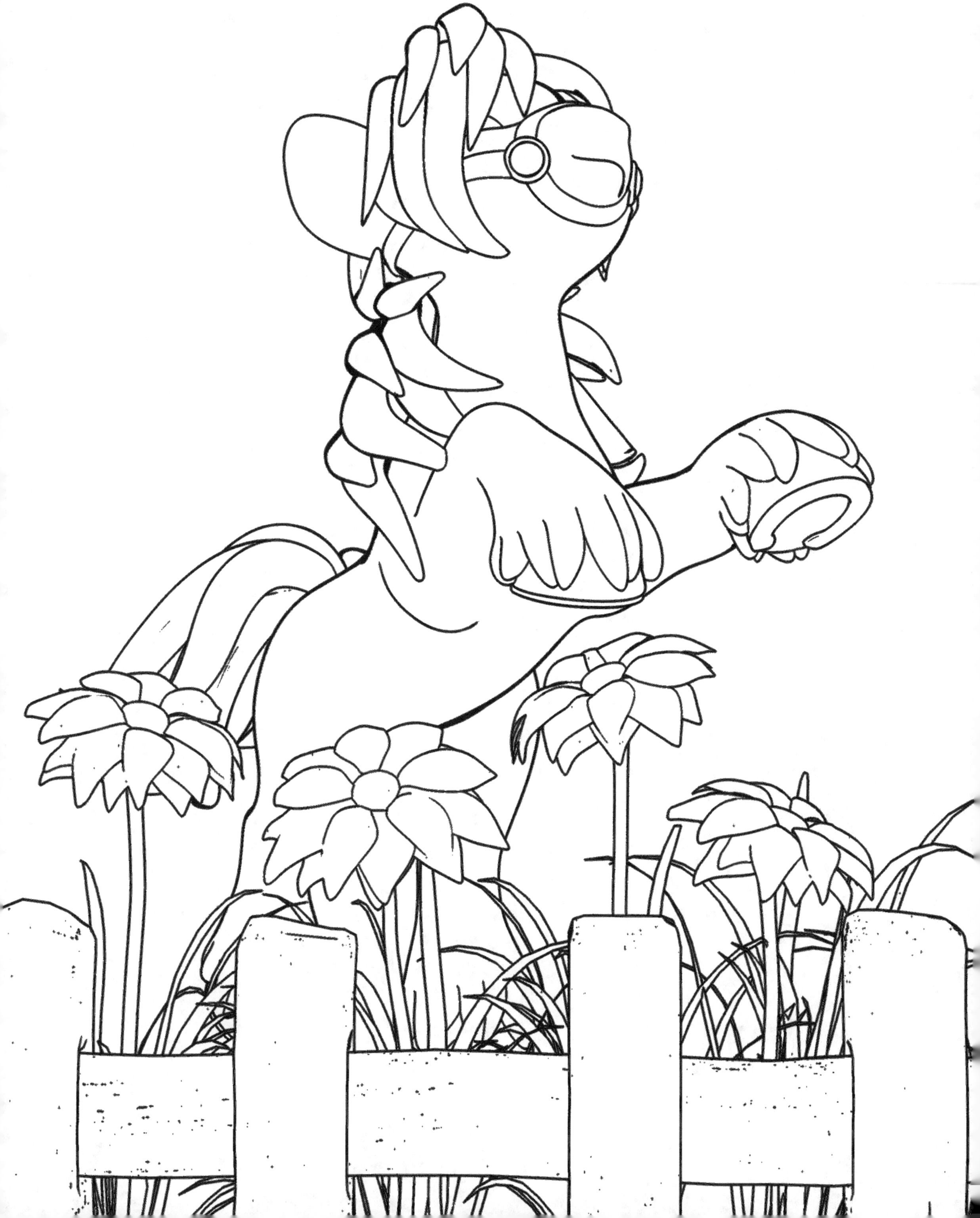

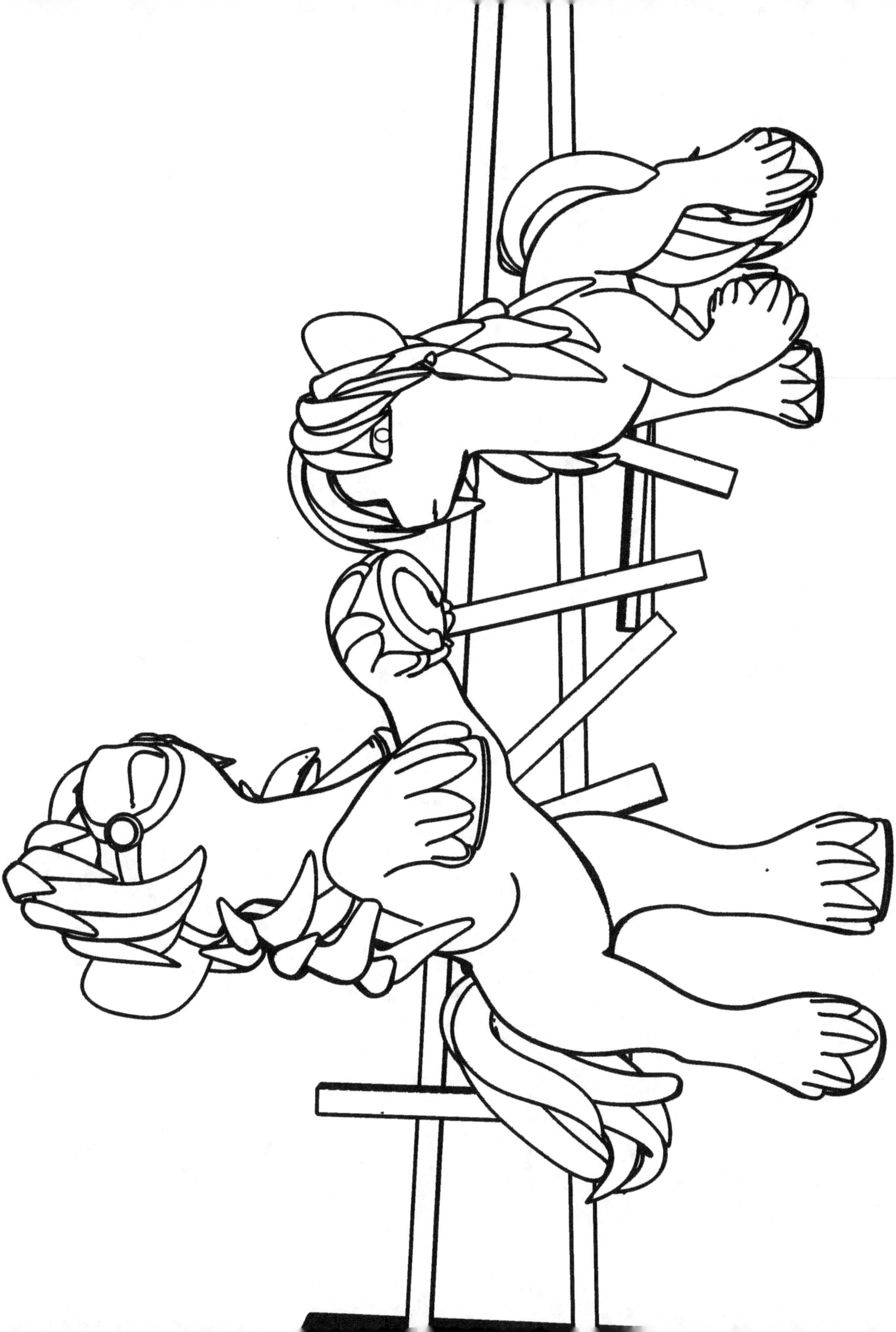

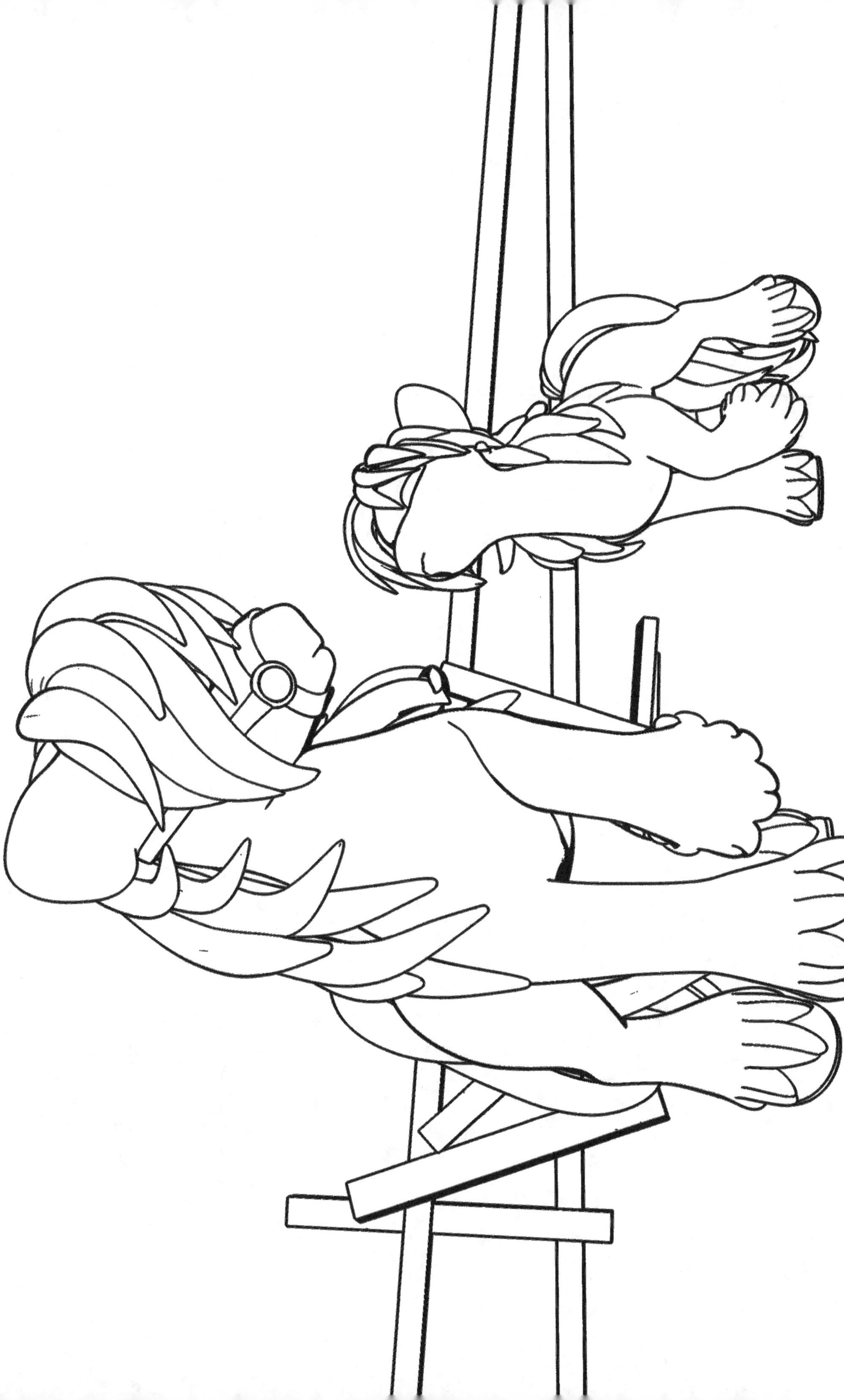

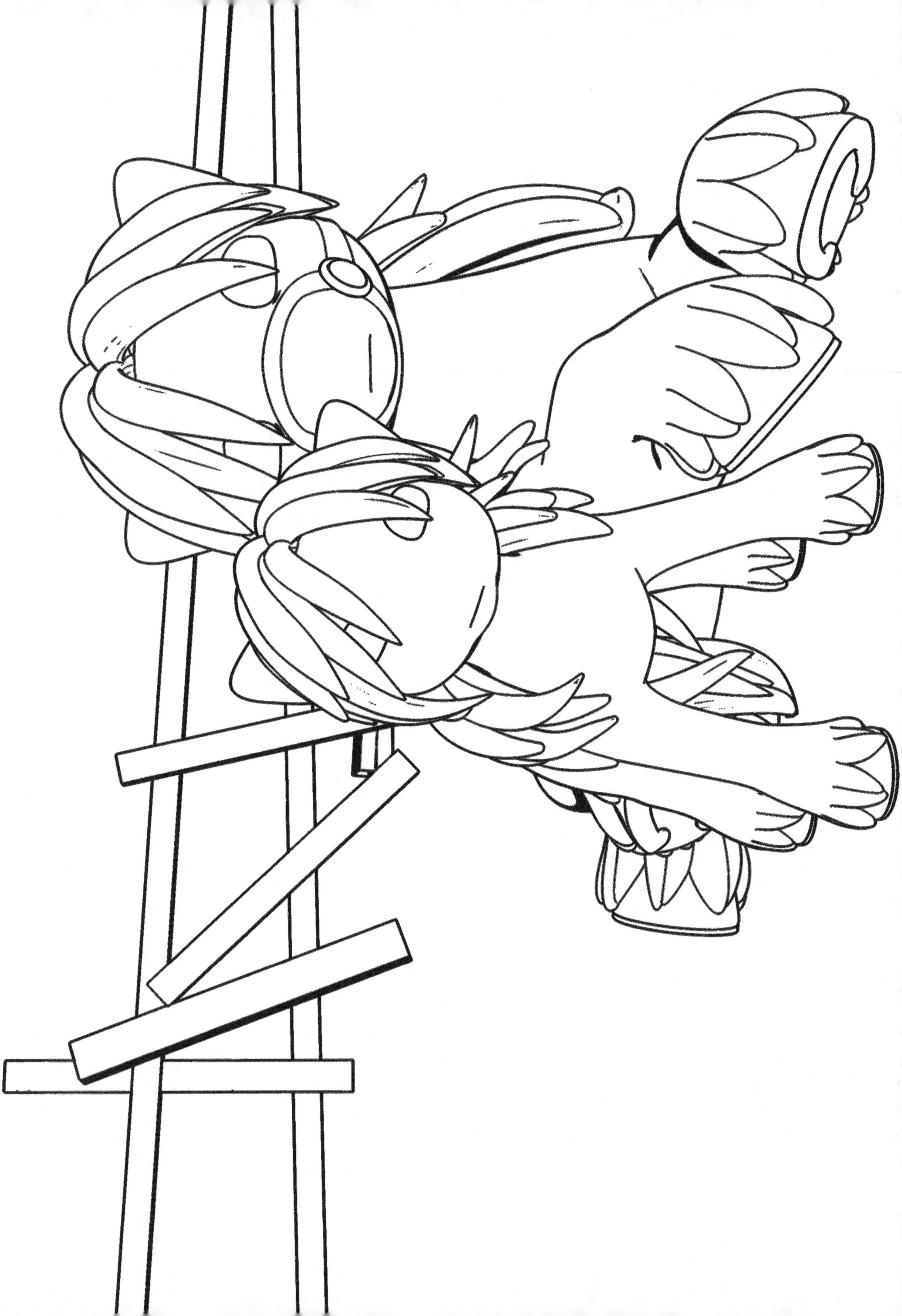

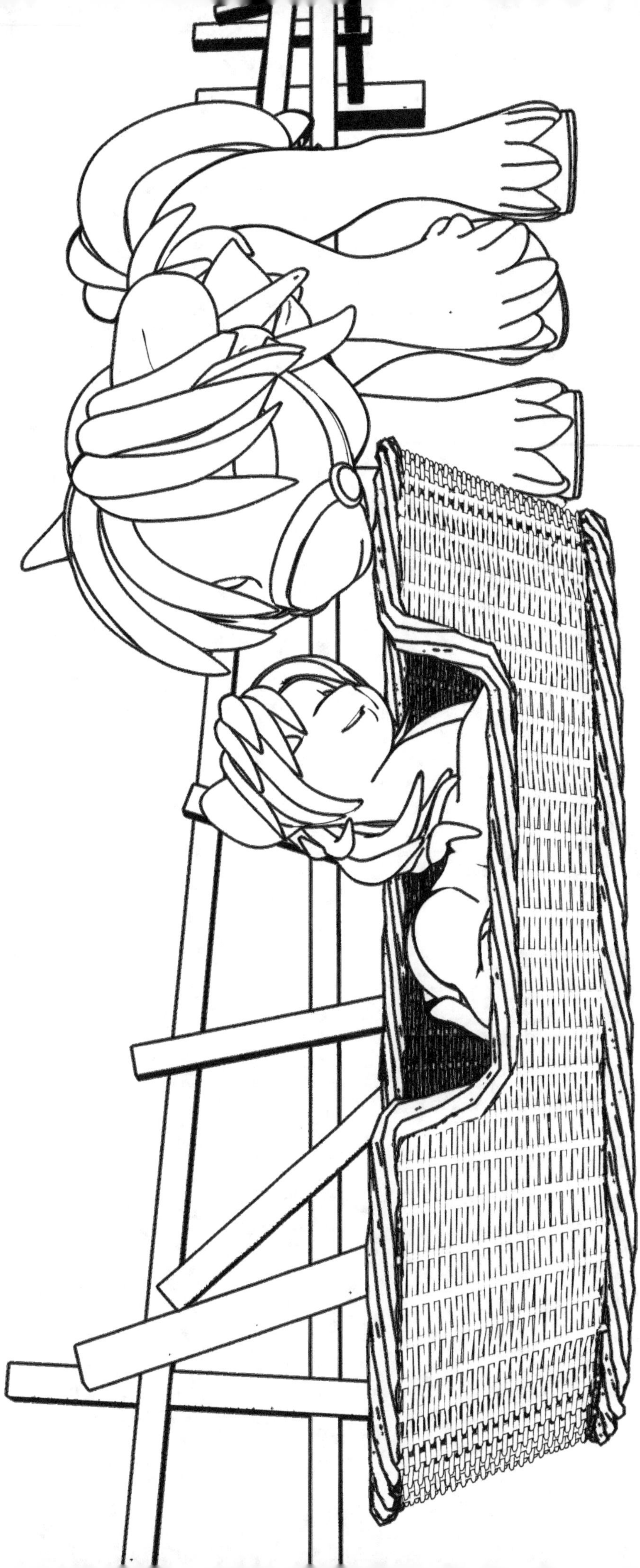

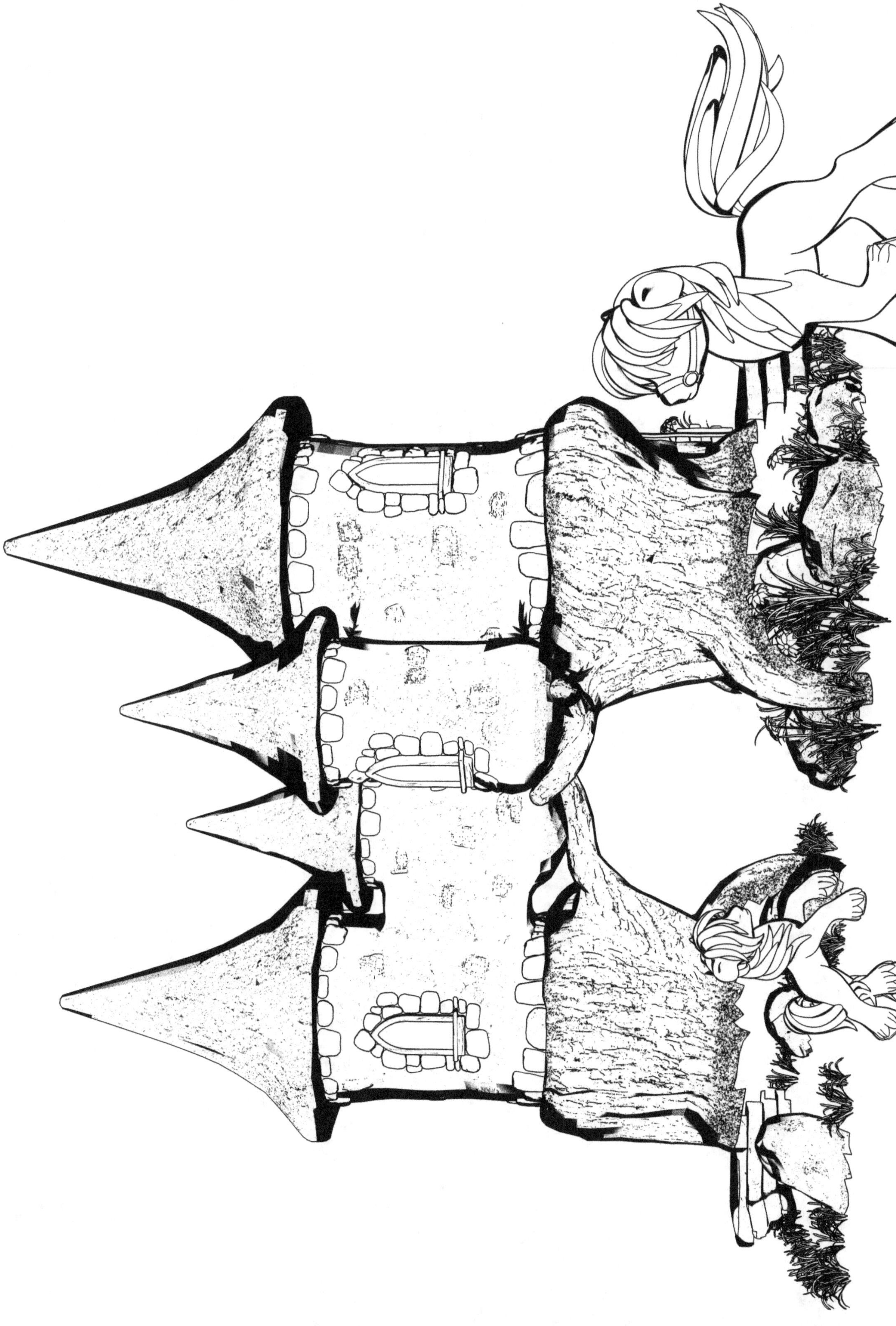

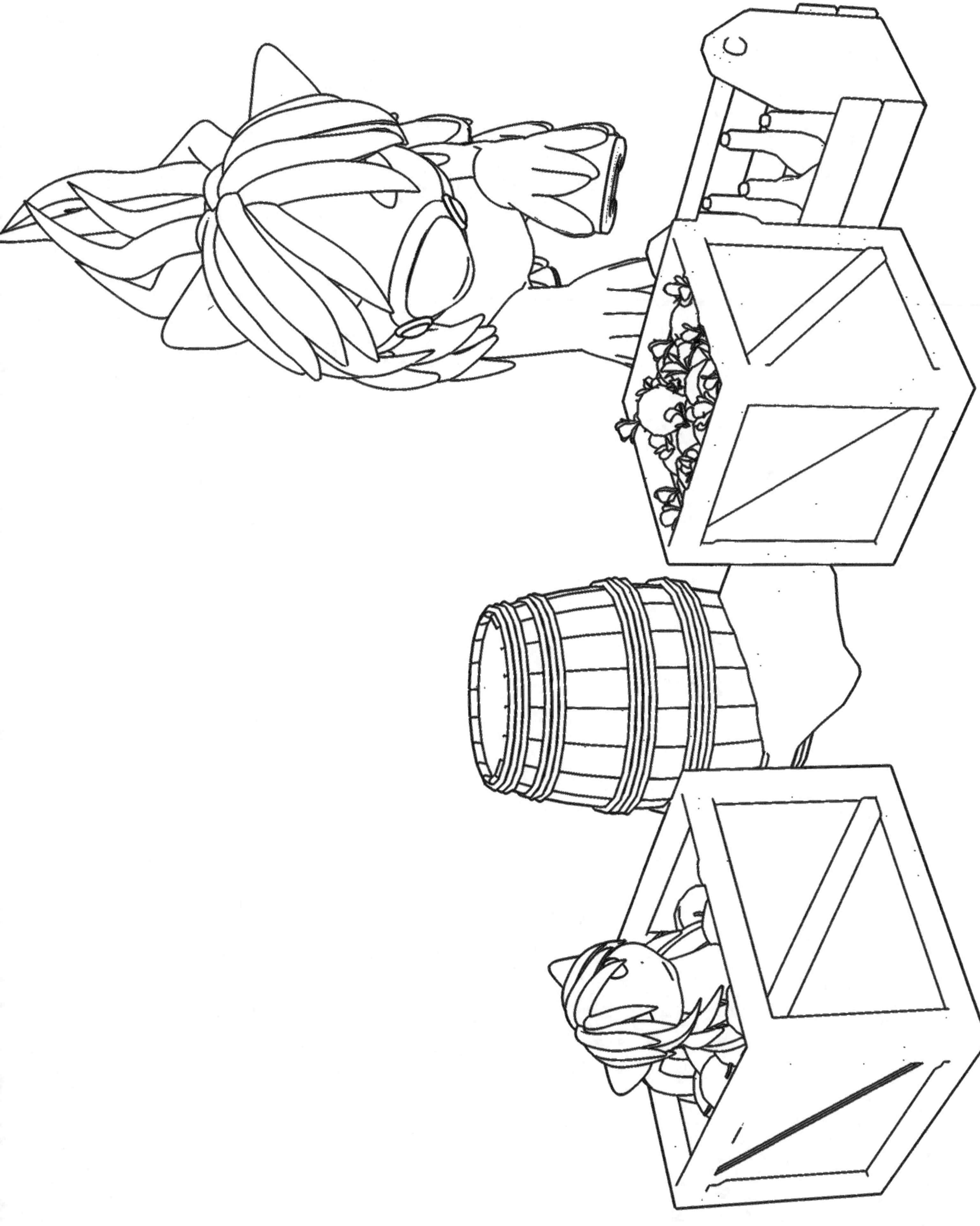

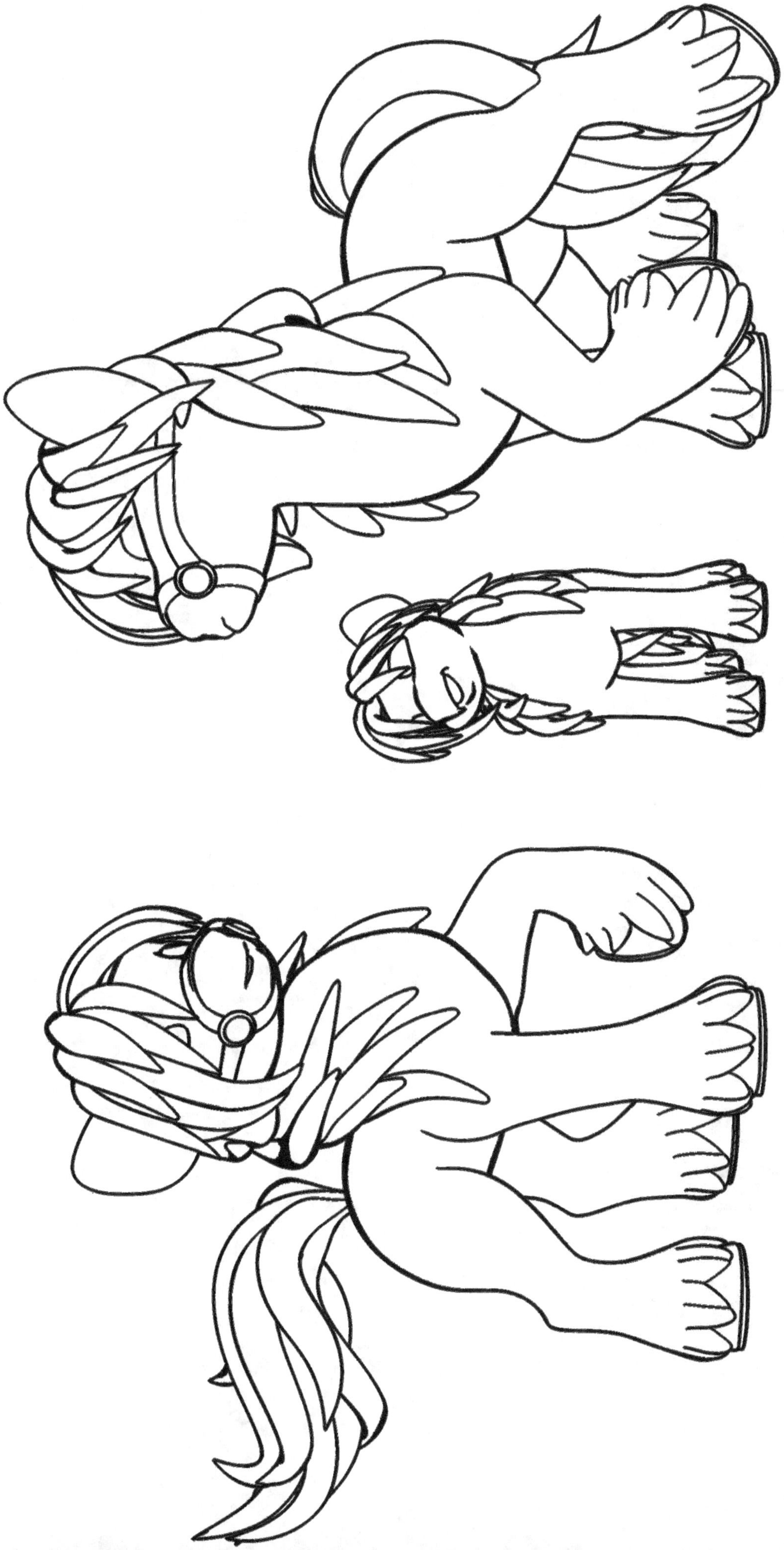

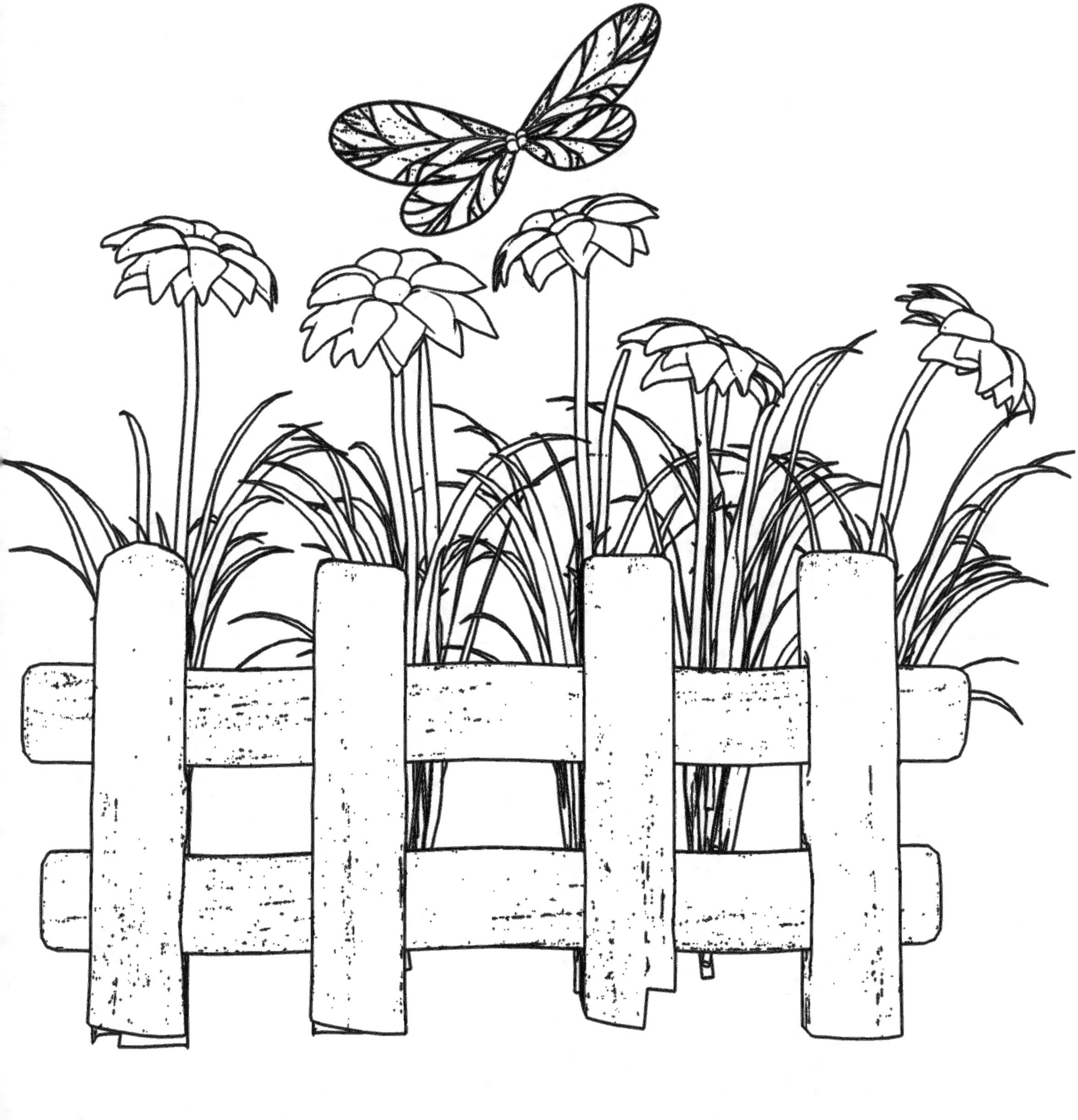

www.ingramcontent.com/pod-product-compliance
Lightning Source LLC
Chambersburg PA
CBHW081621220526
45468CB00010B/2971